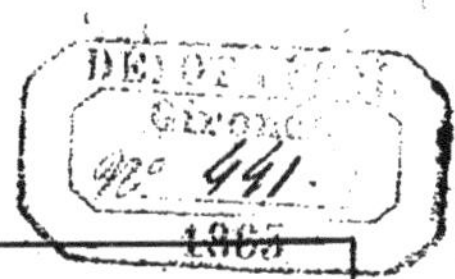

CHAMBRE DE COMMERCE DE BORDEAUX

EXTRAIT DU PROCÈS-VERBAL

DE LA SÉANCE D'INSTALLATION DES

NOUVEAUX MEMBRES

DE LA

CHAMBRE DE COMMERCE DE BORDEAUX

1862-63

BORDEAUX
MAISON SUWERINCK. — TYPOGRAPHIE ET GRAVURE DE BARDET ET THIESSON
Imprimeurs de la Chambre de Commerce
RUE SAINTE-CATHERINE, 56 (BAZAR-BORDELAIS)

1863

CHAMBRE DE COMMERCE DE BORDEAUX

EXTRAIT DU PROCÈS-VERBAL

DE LA SÉANCE D'INSTALLATION DES

NOUVEAUX MEMBRES

DE LA

CHAMBRE DE COMMERCE DE BORDEAUX

1862-63

BORDEAUX

MAISON SUWERINCK. — TYPOGRAPHIE ET GRAVURE DE BARDET ET THIESSON

Imprimeurs de la Chambre de Commerce

RUE SAINTE-CATHERINE, 56 (BAZAR-BORDELAIS)

1863

CHAMBRE DE COMMERCE DE BORDEAUX.

EXTRAIT DU PROCÈS-VERBAL

DE LA SÉANCE D'INSTALLATION DES

NOUVEAUX MEMBRES

DE LA

CHAMBRE DE COMMERCE DE BORDEAUX.

Aujourd'hui six mai mil huit cent soixante-trois, à trois heures de relevée, la Chambre de commerce de Bordeaux, étant réunie sur convocation spéciale, sont présents :

MM. MENCHE DE LOISNE, chevalier de l'Ordre Impérial de la Légion-d'Honneur, secrétaire-général de la Préfecture de la Gironde, représentant M. PIETRI, sénateur chargé de l'Administration du département;

Emmanuel CORTÈS, ✲, *Vice-Président;*
H. SEMPÉ,
Joseph BLANCHY,
Nathaniel JOHNSTON, ✲,
Eugène BEYSSAC,
Gustave BAOUR,
Henri BRUNET,
Adrien FAURE,
Adolphe CHALÈS,
Hippolyte TANDONNET,

Ainsi que :

MM. Henri BASSE, O. ✲,
Hubert PROM,
Edmond LESTAPIS,
Alfred LÉON, ✲,
Membres nouvellement élus.

M. DUCLOU, membre correspondant pour l'arrondissement de Blaye, assiste également à la séance.

Des excuses sont présentées au nom de M. ARMAN, O. ✲, retenu à Paris par la session du Corps législatif.

M. le Secrétaire-général de la Préfecture ouvre la séance en annonçant que M. le Ministre de l'agriculture, du commerce et des travaux publics a reconnu la régularité des élections qui ont eu lieu les 8 et 15 avril dernier pour le renouvellement partiel de la Chambre de commerce de Bordeaux; il donne ensuite lecture du procès-verbal constatant l'élection de MM. Basse, Arman, Lestapis, Prom et Léon, comme membres de la Chambre de commerce de Bordeaux.

Cette lecture achevée, M. le Secrétaire-général requiert des quatre membres présents le serment que doivent prêter tous ceux qui sont appelés à exercer des fonctions publiques. Il en prononce la formule, et chacun d'eux jure *obéissance à la Constitution et fidélité à l'Empereur*. Ce serment prêté, M. le Secrétaire-général exprime en quelques mots combien il se trouve heureux de procéder à cette installation.

Il proclame ensuite l'installation de MM. Basse, Lestapis, Prom et Léon, en qualité de membres de la Chambre de commerce de Bordeaux.

La Chambre passe au renouvellement du Bureau

Sont nommés :

Président.........	MM. Henri BASSE, O. ✻,
Vice-Président...	Emmanuel CORTÈS, ✻;
Secrétaire........	Joseph BLANCHY;
Trésorier.........	Pierre-Jean CHAUMEL.

M. le Secrétaire-général se retire ensuite après avoir annoncé la composition du Bureau.

M. Basse, en sa qualité de président pendant l'exercice **1862**, donne lecture du Compte-rendu suivant des travaux de la Chambre pendant la session qui vient de finir :

« Messieurs,

» Un utile usage veut que celui que vous avez eu la bienveillance d'appeler à présider vos séances ait l'honneur de vous rendre annuellement compte des travaux de la Chambre.

» Nous avons, pour l'exercice qui vient de se terminer, à passer sommairement en revue des questions du plus grand intérêt ayant fait l'objet de votre examen le plus scrupuleux et de vos discussions les plus approfondies.

» Viendront ensuite les questions qui se rattachent à un intérêt local.

» Tel est l'ordre que vous me permettrez de suivre dans ce Compte-rendu.

» Je n'entreprendrai pas, Messieurs, de vous faire l'historique des nombreuses péripéties de la loi des sucres depuis **30** ans. Un seul mot les définit : l'instabilité, cela équivaut à dire que Sucres.

les intérêts les plus graves du commerce maritime, de celui de commission, non moins que ceux des échanges internationaux et des colonies, ont été maintenus dans cet état précaire qui décourage et empêche le développement régulier du commerce. Ces changements continuels ont permis à l'industrie betteravière de conquérir une situation aussi importante que menaçante pour nos ports, pour la grandeur réelle, largement appréciée, de notre commerce, comme aussi pour la puissance maritime de l'État.

» On a dit quelque part, Messieurs, que si le sucre colonial n'existait pas, il faudrait l'inventer en faveur de la marine, en d'autres termes en faveur de la prépondérance politique, de la grandeur et de la richesse du pays. C'est, selon nous, le sucre exotique de toute provenance qu'il eût fallu inventer pour des résultats plus grands encore. Ai-je besoin d'expliquer que c'eût été vendre nos produits aux colonies françaises et à celles étrangères que d'aller acheter les leurs; que nous eussions transporté aux lointains parages des cargaisons nombreuses; qu'enfin c'eût été développer et rapidement enrichir les diverses industries de la France. Pourquoi faut-il ne pas espérer que cet avenir apparaisse? Craindre au contraire que nous ne conservions pas même ce qui existe! Vous le savez trop, Messieurs, et je n'en parlerai pas si mon sujet n'était pas de dire vos soins, vos démarches dans cette question.

» La sucrerie indigène a produit cette année au-delà de 170,000,000 de kilogrammes de sucre. La consommation de la France étant de 240,000,000 environ, votre marine n'a eu que la différence à transporter pour la consommation, soit 70,000,000 de kilog. Or, il est certain que si le producteur d'une denrée se peut personnellement enrichir en la débitant dans son pays, la nation ne s'enrichit pas en consommant, au lieu de l'exporter, ce que ses industries produisent; il est donc évident que la valeur des 170,000,000 de kilog. de sucre indigène, consommés en France, a réduit d'autant les échanges avec les pays d'outre-mer, au grand préjudice de toutes les autres industries manufacturières, maritimes et agricoles.

» Je sais bien, Messieurs, qu'à la faveur du décret du 16 janvier 1861, que nous avons accueilli avec gratitude, et de celui si controversé du 24 juin 1861, les importations de sucre étranger ont été de beaucoup plus importantes que les 70,000,000 kilog. de différence que j'ai signalés, et que nos marchés ont été et sont encore encombrés malgré la progression relativement plus importante de l'exportation. Mais ce fait commercial transitoire s'est produit simultanément sur tous les marchés européens où les cours, défalcation faite des droits, se nivelaient à peu près. Donc ces décrets ne sont certainement pas la cause d'un fait aussi général.

» C'est pourtant de cette circonstance toute exceptionnelle qu'a surgi le projet d'admettre au bénéfice du drawback le sucre indigène raffiné.

» Vous avez, Messieurs, tenté de suprêmes et vains efforts pour démontrer que le drawback était une faveur accordée à la marine seulement et non pas à l'industrie du raffinage, que la loi le disait textuellement, et pourtant peu s'en est fallu, n'était la haute sagesse de l'Empereur, que la loi sollicitée n'intervînt dans cette session même. On soutient que le sucre indigène est en souffrance par excédant de stock, à l'égal de celui introduit par pavillon français, et on en attribue la cause au seul décret du 24 juin 1861, aujourd'hui effacé, dont l'effet aurait été de laisser sans emploi de réexportation les sucres venus par pavillon français.

» On ajoute que le fait économique d'une grande et puissante industrie existante en France doit faire écarter toute considération exclusive de la faveur sollicitée; que c'est enfin la revendication du droit commun qu'elle demande.

» Voilà donc que pour favoriser l'écoulement d'un trop plein actuel, et au nom du droit commun, on voulait faire une loi de circonstance. Vos efforts ont cependant partiellement abouti, et ce n'est qu'à la session prochaine que sera présenté le projet actuellement soumis au Conseil d'État, accordant au sucre indigène le bénéfice du drawback.

» Le résultat de cette faveur est facile à prévoir. Il y a quelque 25 ans que les ports ont signalé au Gouvernement les dangers économiques qui aujourd'hui arrivent à effet. La sucrerie indigène ne versait alors que quelques millions de kilogrammes sur le marché, mais elle demandait et obtenait protection; vos avis ne furent pas partagés. Aujourd'hui la consommation du pays est plus qu'aux deux tiers alimentée par cette industrie; la richesse saccarine de ses produits, comparée à celle de ses similaires exotiques, constitue un imminent péril d'exclusion contre ce dernier; car, avec le drawback, la production se doit rapidement développer, et on peut prévoir que d'ici à quelques années elle suffira aux besoins entiers de la consommation et de l'exportation, alors seront réalisées toutes vos appréhensions, et la marine, le commerce, les colonies françaises et les industries de Paris, Lyon, Mulhouse, etc., auront perdu les transports, les moyens d'échange et de placement que comporte la question qui nous occupe; alors sera supprimé un mouvement de plusieurs centaines de millions. Espérons encore, Messieurs, que ces vérités seront reconnues.

» Vous avez, Messieurs, porté toutes ces doléances jusqu'au

pied du trône; une supplique des ports a été, en votre nom, remise au grand souverain dont vous appréciez et connaissez les vastes lumières et la sage sollicitude; vous ne pouviez faire plus.

Marine marchande.

» L'enquête ouverte par le Gouvernement sur la situation de la marine marchande et dont je vous ai entretenus l'an dernier s'est poursuivie pendant quelque temps après la mention que j'en avais faite.

» Elle s'est terminée sans que le commerce ait été informé des résolutions auxquelles elle pourrait aboutir, et il y a lieu de croire qu'à cet égard les résolutions de l'Administration supérieure ne sont pas bien arrêtées; le *statu quo* a été maintenu. Plusieurs des membres de la Chambre ont eu l'honneur d'être appelés à déposer devant la Commission; les opinions qu'ils ont exprimées, les détails dans lesquels ils sont entrés sont consignés dans des procès-verbaux qui n'ont pas encore été livrés à la publicité; ce qu'il y a de certain, c'est que tous nous avons fait de notre mieux pour faire ressortir la vérité de la situation. Nul doute que la marine marchande ne soit éprouvée par la concurrence de la marine étrangère; elle doit soutenir la lutte et chercher ses forces non dans un système de protection et de restriction qui a fait son temps et que repousse la loi du progrès, mais dans le développement de la liberté. Que la marine soit affranchie des charges qui pèsent sur elle par suite de règlements surannés et onéreux, que les matières premières nécessaires aux constructions navales entrent en franchise de droits, que nos armateurs soient exempts de tous les obstacles qui les gènent, de toutes les causes de renchérissement qu'ils supportent et que ne connaissent pas nos rivaux, et nous pouvons affirmer qu'ils ne craindront pas de se mesurer avec n'importe quels concurrents.

» Qu'on nous permette de le dire encore, lorsque le Gouvernement voulut entrer avec résolution dans la voie libérale qui a modifié nos tarifs, faire le traité avec l'Angleterre, affranchir enfin les matières premières utiles à l'industrie nationale que la concurrence étrangère allait désormais stimuler, développer au profit du consommateur et du mouvement commercial, il négligea de considérer la marine marchande comme une industrie, et nous en sommes au point que sous nos yeux, dans nos ports, nous voyons se vendre des navires étrangers à nos concurrents, parce que des droits qu'ils n'ont pas à supporter nous empêchent de les acquérir. Le droit de 25 fr. par tonneau sur un navire ayant une valeur réduite est prohibitif. Quant aux navires en fer, la taxe de 70 fr. l'est d'avantage encore, d'où suit que non-seulement les matières d'armement n'ont pas été dégrevées, mais qu'en outre nous ne pouvons pas nous procurer l'instrument, le meuble nécessaire à notre commerce au même prix que les étrangers. On paralysait donc notre initiative au moment même où on nous offrait des éléments de transports plus développés. C'était évidemment une erreur qui tient à ce que, hors de nos ports, l'esprit maritime du pays n'existe pas. Insistons avec persévérance pour faire disparaître cette anomalie économique.

» Ne passons point sous silence la présence parmi nous au mois d'octobre dernier d'une Commission formée d'administrateurs éminents pris dans divers ministères et qui avaient été chargés d'examiner dans les ports maritimes diverses questions relatives aux pêches et à la marine.

» Une discussion s'engage sur la navigation de cabotage entre la France et l'Espagne.

» Après avoir pris connaissance du traité de 1768, connu sous le nom de *Pacte de famille,* qui stipulait une parfaite assimilation des deux pavillons, tant en ce qui concerne le navire que les marchandises qu'il couvrait, on a reconnu que ce traité était tombé en désuétude des deux côtés quant à la marchandise, mais qu'il était partiellement exécuté par l'Espagne quant au navire lui-même, et tout à fait respecté par la France. En effet, s'il est vrai de dire que le navire français entrant en Espagne ne supporte pas des charges plus lourdes que celui de la nation, il faut ajouter qu'un bâtiment français ne peut pas actuellement faire le cabotage entre deux ports espagnols, tandis qu'il est permis aux navires de cette nation d'user de cette faveur en France; qu'ils en profitent rarement, il est vrai, mais que le droit ne subsiste pas moins. Au surplus, les droits différentiels qui frappent en Espagne les marchandises couvertes par notre pavillon sont tels que la navigation internationale est, de fait, entièrement réservée à nos voisins. Ainsi disparaît pour nous la faculté de cette navigation dont la faveur, limitée à un port, ne profiterait qu'à un navire vide, ce qui n'est pas, à coup sûr, le but de sa construction. On a fait, en outre, observer que notre régime douanier nouveau ajoute encore aux avantages de l'Espagne, quant aux cargaisons.

» Quoi qu'il en soit de cette situation, nous avons pensé qu'il n'y avait pas lieu, par les motifs exposés, d'entamer avec l'Espagne une guerre de tarifs toujours nuisible, mais qu'il y avait lieu d'exprimer le désir que le Gouvernement français prenne une énergique initiative afin d'obtenir de l'Espagne un traité libéral de réciprocité.

» Un procès entamé à Lyon entre des courtiers et des repré-

Courtage. sentants de commerce, procès qui a eu un grand retentissement, ne pouvait nous laisser indifférents.

» Notre intention ne saurait être de discuter en ce moment la grosse question de la liberté du courtage avec rachat des charges. Nous avons à ce sujet émis une opinion favorable à la suppression du courtage privilégié. Le Gouvernement s'en préoccupe; ne devançons pas l'instant d'une discussion qui viendra à son heure; mais l'affaire qui se présentait à Lyon se montrait sous un tout autre aspect que celui d'une infraction positive aux lois sur le courtage, il s'agissait de l'intervention d'agents opérant en qualité de mandataires de négociants établis dans d'autres villes. Nous avons cru devoir transmettre à ce sujet à M. le Ministre du commerce quelques observations dont voici le résumé :

» Le défaut d'une précision suffisante de la législation relative
» à la question que nous venons de rappeler amène les conflits
» dont souffrent en fin de compte le commerce et l'intérêt général.

» Il semble résulter des règlements qui existent sur la matière,
» notamment des articles 6 et 7 de la loi du 28 ventôse an IX,
» que les courtiers sont des agents locaux dont les fonctions,
» quant à la compétence territoriale, sont limitées à la ville ou
» Bourse auprès de laquelle ils ont été nommés; ils auraient
» donc le privilége de l'entremise entre les commerçants d'une
» même ville, mais ils ne pourraient devenir les intermédiaires
» entre les négociants de la place et les maisons étrangères.
» Cette dernière nature de rapports devrait être desservie par
» les mandataires aux termes des articles 1984 et suivants du
» Code Napoléon, et par les commissionnaires, articles 91 et
» suivants du Code de commerce. Cependant l'article 6 de l'ar-
» rêté du 27 prairial an X défend à tout banquier, négociant ou

» marchand de confier ses négociations, *ventes* et achats, et de » payer des droits de commission ou de courtage à d'autres » qu'aux agents de change et courtiers.

» Cet arrêté, par la généralité de ses termes, se trouve en » conflit avec la loi de ventôse an IX, puisque, et c'est ainsi » que l'a interprété l'arrêt de Lyon, le courtier n'est plus seu- » lement un agent local, mais qu'il a aussi le privilége des rela- » tions extérieures, tandis que, d'après cette dernière loi et la » jurisprudence qui l'a interprétée, il fait acte de marronnage » par rapport au courtier extérieur sous le privilége duquel la » maison étrangère se trouve placée.

» Il est aussi en conflit avec le Code Napoléon et le Code de » commerce en excluant le mandataire et le commissionnaire. La » jurisprudence applique déjà la première de ces deux exclu- » sions; elle peut arriver à prononcer la seconde à moins que » par quelque revirement d'opinion elle ne veuille retenir désor- » mais l'arrêté de prairial dans les bornes tracées par les dispo- » sitions du Code Napoléon, du Code de commerce ou de la loi » de ventôse an IX.

» La loi ne peut présenter ces anomalies ou abandonner » d'aussi graves intérêts aux incertitudes de l'interprétation; il » est utile qu'une révision législative mette les textes d'accord, » et qu'elle précise les limites dans lesquelles doit se mouvoir » une chose aussi exceptionnelle qu'un privilége. Cette révision » est d'autant plus pressante que, depuis cinquante ans, le com- » merce a subi de profondes transformations; les procédés nou- » veaux, nés de la concurrence et de la rapidité des communi- » cations, se sont établis au grand avantage des producteurs et » des consommateurs; ceux-là, par leurs nombreux agents, ont » l'œil ouvert sur les besoins des divers marchés, de même que

» ceux-ci surveillent l'activité de la production, chacun afin de » faire arriver la marchandise et la distribuer sur les points » qui en sont moins pourvus. Cet œil ouvert, ce sont les repré- » sentants de commerce que les courtiers ne sauraient remplacer, » parce que leur nombre est limité, et qu'ils ne pourraient suffire » à la fois aux devoirs de leurs fonctions locales et aux exigences » des rapports et des correspondances multipliées avec le dehors.

» En revisant donc la législation sur cette matière, il y aura » lieu de tenir compte de ces nécessités nouvelles des affaires.

» Sans doute, la transformation des offices de courtiers devra » soulever quelques difficultés financières, mais elles ne sont pas » insurmontables ; nous pensons même que la réforme peut être » accomplie sans préjudice pour les courtiers et sans engager les » finances de l'État. »

Agents d'émigration.

» M. le Ministre du commerce nous a signalé les abus qui résultent de l'immixtion d'individus étrangers dans les opérations d'émigration. Des agents, des sous-agents pratiquent des manœuvres qui éveillent à bon droit la sollicitude de l'Administration supérieure.

» En répondant à cet égard, nous avons dû constater que de nombreux et regrettables abus s'étaient introduits dans ces opérations. Ce n'est pas, nous le croyons, par des mesures de détail qu'on obtiendra un remède efficace; c'est l'ensemble des choses qu'il faut réformer.

» Dans notre opinion, et les faits la justifient pleinement, il y a urgence et nécessité à revenir complètement sur la loi du 18 juillet 1860, et à reviser les règlements d'administration publique qui l'ont complétée.

» Dictée par des vues philanthropiques très-dignes d'éloges, cette loi n'a nullement atteint son but. Des stipulations trop rigoureuses (et notamment celles du dernier paragraphe de l'article 8 relatives aux cas de naufrage ou d'accident de mer empêchant le navire de suivre sa route) ont effrayé les négociants sérieux et jouissant d'une juste honorabilité. Ces dispositions sont d'ailleurs inutiles, puisque, dans les cas prévus, la jurisprudence, sinon la loi, assimile le passager, quant aux obligations du navire, à la marchandise au sujet de laquelle le Code de commerce a tout réglé.

» Nous avons exprimé l'idée que, pour mettre fin à un état de choses regrettables, pour rendre aux opérations d'émigration le caractère sérieux et régulier qu'il est si utile de leur voir prendre, le meilleur, le seul parti à adopter est de revenir sur la loi de 1860; il faudrait laisser tout armateur libre de se livrer aux transports des passagers d'entrepont, en l'assujétissant d'ailleurs à des vérifications dont nous reconnaissons la convenance pour constater si la place allouée aux passagers est suffisante, si les vivres sont en quantité et qualité convenables. En se bornant à ces garanties, les seules que puissent raisonnablement réclamer les émigrants, les abus contre lesquels nous devons nous élever cesseraient de se produire.

Assurances sur fret.

» M. le Ministre du commerce nous a fait l'honneur de nous consulter sur une question d'une haute importance : la modification de l'article 347 du Code de commerce concernant le contrat d'assurance sur fret et celle du profit espéré des marchandises.

» Nous avons déjà eu à examiner cette question, et, fidèles à nos traditions, nous avons pensé que les contrats commerciaux doivent pouvoir se former avec une entière liberté, et que la loi doit les protéger tant qu'ils ne compromettent ni la morale ni un intérêt d'État.

» Nous avons également pensé que la réglementation et les restrictions sont un obstacle au progrès, parce que, ne pouvant prévoir les combinaisons si diverses, si variables, si imprévues des affaires, elles doivent à certain moment en contrarier le développement.

» La force d'expansion des intérêts leur fait sans doute franchir les barrières qui leur sont imposées. Il se forme à côté de la loi des usages qu'elle ne sanctionne pas; mais cette situation présente le grave inconvénient d'une violation permanente, et pour ainsi dire nécessaire, de la prohibition légale, et trop souvent le fâcheux exemple d'actes de mauvaise foi, alors que l'une des deux parties se couvre de la loi pour décliner les conséquences d'un contrat librement consenti et universellement pratiqué.

» C'est à ce point de vue que nous avons discuté la convenance d'autoriser les assurances sur fret à faire, et sur le profit des marchandises.

» Sur une proposition d'assurance de fret, l'assureur et l'assuré examinent, chacun de leur côté, la nature et l'étendue du risque, la valeur des personnes et des choses, la prime dont la charge est elle-même une garantie contre les appréciations exagérées. Nul ne peut mieux que l'assureur juger si l'assuré deviendra moins soigneux de l'objet mis en risque, si même il ne sera pas porté à le faire périr volontairement en bravant les sévérités du Code pénal. S'il traite, c'est qu'il considère ces dangers comme illusoires, et qu'il n'a à redouter que les fortunes de la mer.

» Par la perspective de l'assurance, l'assuré sera encouragé à appliquer son intelligence et ses capitaux à une opération devant laquelle il eût peut-être reculé si, moyennant un sacrifice d'argent qui est la prime, il n'eût pu se préserver d'une perte ou d'un résultat négatif en tant du moins qu'il s'y trouve exposé par les périls de la navigation.

» Les deux parties ont, dans leur jugement et leur liberté, approuvé les avantages et les charges du contrat. Il n'y a ni dol ni fraude; la morale et l'État ne sont pas intéressés. La loi peut-elle intervenir et le défendre? Nous ne le pensons pas.

» Les peuples les plus commerçants pratiquent légalement ces assurances; chez nous, elles sont généralement en usage. La prime d'assurances sur fret n'est pas plus chère que la prime d'assurances sur corps, et la prime sur profit espéré est au même prix que la prime sur marchandises, ce qui prouve le peu de réalité des inconvénients que la théorie leur a attribués. Ces assurances ont la sanction et l'expérience. Il est donc temps de mettre à cet égard la loi en harmonie avec les faits; aussi avons-nous émis une opinion favorable à la modification proposée.

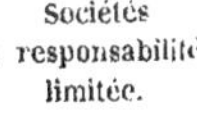

» Le ministre du commerce a réclamé votre opinion au sujet d'un projet de loi qui offre une grande importance, et qui, de la part d'hommes éclairés, a été l'objet d'appréciations diverses. Il s'agit des Sociétés à responsabilité limitée. Des dispositions à cet égard ont été introduites il y a déjà quelques années dans la législation anglaise; elles paraissent avoir donné des résultats satisfaisants. Y a-t-il lieu de faire entrer dans nos lois des innovations analogues à celles dont nos voisins nous ont donné l'exemple? Quelles sont les stipulations que recommanderait la prudence si ces innovations paraissaient désirables?

» Après un examen très-attentif de ces questions délicates, la

Chambre a pensé qu'il était à propos d'adopter le principe du projet de loi présenté par le Gouvernement. Des considérations sérieuses sur la nature, sur la manière dont fonctionnent les Sociétés en commandite et les Sociétés anonymes nous ont conduits à cette appréciation. En résumé, nous avons regardé les Sociétés à responsabilité limitée et les Sociétés anonymes comme des sœurs jumelles. Au point de vue de leur formation, elles peuvent présenter des garanties équivalentes, si, pour les seconder, l'État contrôle les personnes et le but. Dans les premières, ce contrôle est exercé par le public qui, plus près des choses par son intérêt direct, attachera sur l'affaire en formation un œil tout aussi investigateur; le versement préalable d'une fraction importante du capital numéraire et les conditions sagement restrictives imposées à la négociation des actions seront des préservatifs efficaces contre les abus de la spéculation. Pendant la durée, au lieu de la surveillance nominale de l'État sur le plus grand nombre des Sociétés anonymes, on aura, pour les Sociétés à responsabilité limitée, une publicité qui permettra à tous, tiers ou actionnaires, de suivre et de juger la marche de l'entreprise, aussi bien que, dans la Société anonyme, les actionnaires et le conseil de surveillance auront une influence immédiate sur la direction des affaires sociales; ils guideront le gérant de leurs lumières, stimuleront son activité ou contiendront son ardeur, garanties autrement rassurantes que celles présentées par la Société en commandite telle qu'elle est aujourd'hui constituée, et dans laquelle, une fois le contrat signé, la crainte de l'immixtion lie les mains des intéressés en face d'un gérant incapable ou aventureux. La hardiesse et la concurrence aveugle, que, suivant quelques-uns, l'irresponsabilité pourrait encourager, auront pour contre-poids l'esprit de conservation, et, sous ce rapport, la marche des

Sociétés anonymes qui exploitent les mêmes branches que l'industrie privée atteste cette influence prépondérante; l'expérience faite en Angleterre, où cette institution, assujétie dans le principe à de nombreuses exceptions, a été dernièrement généralisée, est un préjugé des plus favorables.

» Enfin, dans ces Sociétés la forme facilite aux petits capitaux l'accès des grandes affaires; le cercle de la production s'étend, l'émulation, ou si l'on veut la concurrence, perfectionne les procédés, éveille les initiatives et développe au profit du consommateur l'abondance et le bon marché. Les Sociétés à responsabilité limitée deviennent ainsi un instrument de progrès; c'est leur titre pour être accueillies.

» Cependant l'usage des meilleurs instruments peut n'être pas sans dangers; il convient surtout en commençant de prendre des précautions contre les abus, sauf plus tard à modifier les dispositions restrictives dans le sens et la mesure que conseillerait l'expérience.

» Telles sont les considérations que vous avez fait valoir à l'appui des conclusions suivantes que vous avez présentées, en indiquant sur divers articles du projet présenté au Corps Législatif les modifications que vous regardiez comme désirables.

» Article 2. A côté des mots *responsabilité limitée* devrait être écrit le chiffre du capital de fondation, afin de dispenser les tiers, souvent éloignés, de recourir à l'acte de Société pour avoir cet important renseignement. Peut-être y aurait-il lieu également d'indiquer le chiffre de la réserve fixée par le dernier exercice. On verrait par là si la Société est ou non en bonne voie.

» Art. 3. Nous serions d'avis qu'une Société à responsabilité limitée ne pût être constituée qu'en vue d'une spécialité; il y aurait inconvénient à permettre ces créations sans but déterminé et pour embrasser toutes sortes d'affaires qui feraient naître la méfiance et le discrédit dès le début. Dans ce cas, en effet, les tiers perdraient de vue des opérations multiples qui se développeraient dans un cercle trop étendu, et ils sont d'autant plus intéressés à suivre la marche de ces Sociétés que le capital souscrit est leur unique gage.

» Art. 4. Nous voudrions, dans tous les cas, un minimum de 500 fr. par action; les capitaux d'une quotité inférieure doivent aller aux caisses d'épargnes et ne pas se livrer aux chances de l'industrie; ce sont de petites réserves qu'il est utile de maintenir disponibles entre les mains de leurs possesseurs et de détourner de tout aléat.

» La Société ne devrait pouvoir se constituer que moyennant le versement de la moitié du capital numéraire; c'est un moyen d'assurer des créations sérieuses.

» Les actions devraient être toujours nominatives afin d'assurer le maintien du nombre réglementaire des associés et l'exécution de l'article 20, enfin pour laisser moins de place à la spéculation généralement trop active sur les actions au porteur.

» Pour cette même raison, nous ne les voudrions négociables qu'après libération complète.

» Art. 7. Les Sociétés pourraient être administrées par *un* ou plusieurs gérants, suivant la volonté des actionnaires. Le gérant unique aurait alors à remplir les conditions imposées aux administrateurs, c'est-à-dire être possesseur du dixième du capital social.

» Art. 8. Nous avons opiné au sujet de l'article 4 pour le versement préalable, à la constitution de la Société, de la moitié du capital numéraire.

» Art. 9. Même observation.

» Art. 15. La minorité ne doit pas être contrainte de subir la décision de la majorité qui aurait voté la prorogation de la Société au-delà du terme fixé pour sa durée ; ceux-là seuls resteront, après le terme, membres de la Société qui auront voté la continuation. C'est l'application du droit commun ; il n'y faut pas déroger.

» Art. 16. Le mot *porteur* doit être remplacé dans cet article par *propriétaire*, si l'on admet, ainsi que nous l'avons proposé, que les actions soient nominatives.

» Art. 20. Nous voudrions que la perte de la moitié du capital rendît obligatoire la dissolution de la Société. Il est fort difficile d'apprécier en cours d'opérations dans quelles proportions le capital social peut être compromis surtout avec la disposition naturelle d'une gérance à s'illusionner. Un capital que l'on croit perdu aux trois quarts se trouve plus que perdu quand vient la liquidation. Il convient donc de protéger les actionnaires et surtout les tiers en adoptant une proportion qui garantisse davantage leurs intérêts.

» Art. 21. Il serait utile que les publications et affiches fussent rendus obligatoires, non-seulement au siége social, mais dans les autres localités où se trouvent des établissements ou des succursales.

» Art. 22. Les commissaires doivent avoir expressément le droit de vérifier toutes les *valeurs composant l'actif*, la caisse notamment ; les écritures ne suffisent pas, il faudrait que la loi le dit.

» Art. 27. Conformément à nos observations sur l'article 5, la négociation d'actions non complètement libérée doit être atteinte par les dispositions du présent article. Il y aurait lieu de supprimer les expressions *coupons d'actions*, puisqu'à raison de ce que nous avons dit sur le capital minimum de l'action, des coupures ne sauraient être autorisées.

Sucres raffinés. » Nous avons demandé à l'Administration supérieure des douanes que les formalités relatives au réglement de la prime sur les sucres raffinés exportés de notre port par voie de Marseille fussent réglés de façon à ne pas entraver une branche importante de commerce.

» Voici l'état de la question :

» De nombreuses expéditions de sucre en pains sont dirigées de Bordeaux sur Marseille pour l'exportation sous bénéfices de prime. Mais comme cette exportation n'est pas directe et ne s'effectue pas sans rompre charge, il s'en suit que ni la douane d'expédition, ni celle de la sortie définitive ne peuvent, comme dans les cas d'exportation directe, délivrer aux intéressés un mandat de paiement négociable à échéance fixe. Les raffineurs de Bordeaux restent ainsi à découvert pour des sommes dont ils n'obtiennent le remboursement que lorsque l'Administration, après liquidation, leur a donné l'avis de se présenter à la caisse du receveur principal de Bordeaux. Cet avis ne leur parvient qu'après un délai plus ou moins éloigné, de sorte que, privés jusque-là de titres négociables, ils ne peuvent utiliser des valeurs dont la circulation, sous forme de mandat, faciliterait puissamment leurs affaires.

» Nos raffineurs ont demandé, en conséquence, que la douane de Marseille soit autorisée exceptionnellement à leur délivrer des mandats aussitôt après l'exportation définitive des sucres, comme s'il s'agissait d'expéditions directes par le port même de Marseille.

» M. le Directeur-général nous a fait connaître que des considérations puissantes avaient dû faire décider que le paiement des primes en mandats négociables serait restreint aux seules exportations qui s'effectuent directement et sans *rompre charge*, de manière que l'opération puisse se régler entièrement par les soins et sous la responsabilité exclusive du même receveur dans le bureau duquel elle a pris naissance.

» Des mesures ont d'ailleurs été prises pour que le réglement des primes dues aux exporteurs fût effectué aussi promptement que possible.

» Vous avez renouvelé le vœu que vous aviez émis pour qu'une ligne directe de *Cette à Marseille*, confiée à la Compagnie des chemins du Midi, vint donner satisfaction aux demandes plusieurs fois exprimées par le commerce de Bordeaux. Chemins de fer.

» Cette importante question, encore indécise il y a peu de jours, vient d'être tranchée d'une manière qui répondra en partie seulement aux intérêts de plus de vingt départements, dont la voix à cet égard a été unanime et énergique.

» La Chambre a continué de s'occuper de cet objet d'une utilité pratique qui se révèle par des faits de chaque jour. Une commission, examinant ce qu'il y avait à faire au sujet d'articles omis dans le tarif fixé par le décret du 25 août 1861 ou indiqués d'une manière susceptible de rectifications, a fait un travail approfondi. Je ne relaterai pas les propositions qu'elle a formulées au sujet de bien des articles (boissons, douvelles, gambier, etc.); ce serait trop long et trop technique, mais je pense qu'il ne sera pas superflu de relater les stipulations générales qu'elle a cru devoir recommander : Tonneau de mer

» 1° Le tonneau en kilogrammes s'entend toujours au poids brut de mille kilogrammes;

» 2° Le tonneau d'encombrement est de un mètre quarante-quatre centièmes cubes;

» 3° Toute espèce de marchandises dont la nature ou le mode d'emballage ne sont pas tarifés se chargent aux mille kilogrammes ou au cubage, au choix du capitaine;

» 4° Le cube des futailles s'obtient en multipliant le diamètre par lui-même et par la longueur, sans aucune déduction;

» 5° Le cubage des colis de formes irrégulières ne doit pas être pris isolément : il doit en être arrimé un certain nombre dont la capacité ne devra pas dépasser un tonneau, et l'encombrement sera établi proportionnellement;

» 6° Le capitaine n'a le choix du poids ou du cubage que pour les articles non tarifés ou pour ceux ainsi spécifiés dans le tarif.

» Nous pensons d'ailleurs qu'il y a lieu d'améliorer encore le tarif du tonnage en y faisant figurer des articles qui ne s'y trouvent pas, et qui donnent lieu à des contestations suivies d'embarras pour les juges appelés à se prononcer sur des questions de ce genre.

Guinées de l'Inde.

» Le décret impérial du 6 octobre 1861 ayant stipulé l'admission en franchise des guinées ou toiles bleues de l'Inde dont l'origine serait constatée, vous avez dû réclamer, dans l'intérêt du commerce, pour que deux dispositions vinssent compléter les avantages que cette mesure faisait espérer. Nous avons demandé que la Douane de Bordeaux fût autorisée à dispenser du certificat d'origine les guinées actuellement entreposées qui se trouveraient revêtues de l'estampille spéciale déterminée par le décret du 17 janvier 1852, et que la même exemption fût étendue aux guinées en cours de transport parties de Pondichéry avant qu'on ait pu y avoir connaissance du décret du 6 octobre.

» Depuis que le décret du 17 janvier 1852, rapportant les ordonnances des 1er mai et 18 septembre 1843, a rendu facultative l'estampille que les ordonnances en question prescrivaient comme obligatoires, plusieurs fabricants de Pondichéry ont substitué à l'estampille administrative l'estampille particulière; ces marques sont une démonstration évidente de l'origine de ces tissus.

» Si donc la décision dont il s'agit eût été strictement applicable aux seules guinées revêtues de l'estampille à laquelle se rapporte le décret de 1852, elle eût été nulle dans ses effets.

» Nous avons été heureux de recevoir de l'Administration supérieure des douanes la nouvelle que le mérite de nos réclamations était reconnu, et que des instructions conformes avaient été données.

Consulat à Melbourne.

» Nous avons signalé à M. le Ministre des affaires étrangères l'importance qu'il y aurait à ce que la France fût représentée à Melbourne par un consul titulaire, tandis qu'elle est réduite en ce moment à un vice-consul dont les pouvoirs sont loin d'être aussi étendus, et qui peut se trouver obligé, dans des circonstances pressantes et particulières, de consulter le consul de Sydney, ce qui est de nature à entraîner les retards les plus fâcheux et à faire naître des difficultés très-sérieuses.

» Melbourne, qui n'existait pas il y a 10 ans, est aujourd'hui un des ports les plus fréquentés du globe et bien supérieur à Sydney, qui ne doit qu'à l'ancienneté d'occuper un rang supérieur au point de vue du personnel diplomatique de la France. Nous sommes persuadés qu'une réclamation aussi fondée que celle que nous avons adressée ne saurait manquer d'être favorablement accueillie (1).

Dimensions des vaisseaux vinaires.

» Des réclamations émanant du canton de Libourne nous ont conduits à examiner une question qui nous avait déjà occupés à plusieurs reprises. Nous avons pensé que l'intention bien manifeste du Gouvernement de ramener à un système uniforme les usages commerciaux des diverses provinces de la France nous offrait l'occasion d'appeler la sollicitude de l'Autorité sur un objet fort digne d'attention.

» Il s'agit des mesures pour les liquides.

» Nous n'avons pas besoin de rappeler qu'à cet égard la plus grande variété règne en France, et que très-souvent les prix sont établis non d'après le système métrique, mais par colis. Ces colis ont une contenance déterminée par l'usage, mais qui n'est pas en harmonie avec le système sanctionné par la législation.

» Nous croyons qu'il serait à propos de stipuler :

» 1° Que les prix seraient fixés à tant par hectolitre;

» 2° Que les vaisseaux adoptés pour recevoir les liquides auraient une contenance calculée d'après l'hectolitre; ils seraient par exemple d'un demi-hectolitre, de deux ou trois hectolitres selon que le commerce trouverait convenance à employer des futailles de dimensions plus ou moins fortes, mais l'hectolitre et ses fractions décimales serviraient de type.

» Nous reconnaissons d'ailleurs que cette réforme froisserait des habitudes invétérées; elle exigerait des modifications dans le travail de la tonnellerie, et comme il ne saurait être question

(1) Depuis la lecture de ce rapport, M. le Ministre des affaires étrangères nous a fait savoir que, par un décret récent, le Gouvernement, devançant les vœux du commerce, avait établi un consulat à Melbourne.

d'opérer de brusques changements, nous pensons qu'il y aurait lieu de déterminer une période de dix années comme terme accordé à l'organisation actuelle.

Expédition du Niger.

» Un marin intrépide et qui s'est fait remarquer par des services réels, M. le capitaine Magnan, s'est présenté auprès de nous muni des recommandations de divers ministres, nous faisant part de ses projets pour un voyage d'exploration dans le Niger. Ce grand fleuve, après avoir parcouru une vaste partie de l'Afrique centrale, ouvre, en se jetant dans l'Océan, une voie aux projets de la civilisation et du commerce. Nous avons été frappés des avantages qu'offrirait sans doute l'établissement de rapports avec des populations encore peu connues, et nous avons souscrit pour une certaine somme en faveur d'une entreprise qui n'a pas encore reçu d'ailleurs de commencement d'exécution, mais qu'encourageait le Gouvernement lui-même.

Questions diverses

» Afin de ne pas fatiguer votre bienveillante attention en donnant trop d'étendue à ce Compte-rendu, je me borne à signaler rapidement diverses questions qui ont été l'objet de votre correspondance. C'est ainsi que, nous conformant à un désir exprimé par des commerçants bordelais, nous avons demandé que la Banque de France comprît les titres provenant des emprunts des villes parmi les valeurs sur lesquelles elle fait des avances. Cette proposition n'a pas été accueillie.

Entrepôt. — Pêche étrangère

» Engagés par M. le Ministre du commerce à émettre une opinion sur la création aux îles de Saint-Pierre et Miquelon d'un entrepôt pour les produits de la pêche étrangère, nous avons déclaré que nous n'apercevions pas quels avantages réels et efficaces amènerait la création d'un semblable établissement.

Ouvriers sans travail. — Crise cotonnière

» Nous ne pouvions voir sans en être émus la situation si profondément regrettable dans laquelle se trouvent de nombreux ouvriers employés habituellement dans l'industrie cotonnière et aujourd'hui plongés dans la détresse par suite de l'interruption des travaux faute de matière première, la fatale guerre civile qui ensanglante l'Amérique empêchant les arrivages d'un pays qui occupe le premier rang au point de vue de la production. La Chambre s'est empressée de joindre, autant que ses ressources le lui ont permis, sa souscription à celles qui se sont multipliées dans le but de soulager des infortunes si dignes de sympathie.

Pupilles de la marine.

» L'établissement si utile des *Pupilles de la marine* a également été l'objet d'une souscription.

Travaux. Prisons

» La Chambre a été consultée par M. le Ministre de l'intérieur au sujet du tarif à payer aux détenus employés dans des maisons centrales à divers travaux manuels. Nous avons dans nos propositions cherché à maintenir les prix de la main-d'œuvre à un niveau assez élevé pour ne pas froisser les intérêts du travail libre.

Travaux de la Bourse.

» Les travaux d'achèvement de l'Hôtel de la Bourse et ceux qui se rapportent aux réparations qu'exige l'état de cet édifice, après avoir subi de longs retards que nous avons regrettés, marchent enfin avec activité. Nul doute que, lorsqu'ils seront terminés, ils n'obtiennent un assentiment général qui justifiera pleinement les sacrifices considérables que la Chambre a été obligée de s'imposer pour leur réalisation. La Bourse a dû nécessairement être fermée, et nous avons fait élever sur la place Richelieu un local provisoire qui répond aux besoins du moment, et dont il a fallu soumettre la construction aux règles d'une économie sévère. La salle d'audience et les locaux consacrés au Tribunal de commerce appelaient toute notre sollicitude. Depuis longtemps, nos magistrats consulaires élevaient les plaintes les plus légitimes; il y avait non-seulement défaut de convenance et de facilité, il existait encore des motifs très-réels : l'insalubrité qui n'avait duré que trop longtemps, qui ne pouvait plus se tolérer davantage. Nous avons donc décidé qu'une installation nouvelle aurait lieu; la salle d'audience se trouvera éloignée du bruit de la rue; les archives, cette réunion de papiers importants dont la perte serait irréparable, seront l'objet de constructions qui les mettront, autant que possible, à l'abri de tout danger d'incendie.

» Nous avons dû nous préoccuper du dégagement des environs dé l'Hôtel; une occasion se présente pour acquérir les deux maisons qui forment le coin de la rue du Chapeau-Rouge, et pour substituer ainsi une place à la ruelle étroite qui ouvre avec la rue du Pont-de-la-Mousque une communication insuffisante. Les avantages d'une semblable amélioration se démontrent d'eux-mêmes, et on commencerait ainsi la réalisation d'un embellissement bien nécessaire dans le quartier le plus fréquenté de la ville. Des propositions relatives à l'acquisition dont il s'agit ont été transmises à l'Administration municipale; nous avons l'espoir qu'elles amèneront un résultat favorable, et la Chambre s'est empressée d'offrir d'y concourir pour une allocation proportionnée aux ressources dont elle dispose.

Magasins généraux.

» Une question d'une haute importance n'a cessé de nous préoccuper depuis un an : celle de la création dans notre ville de Magasins généraux. Cet établissement est indispensable afin d'imprimer aux affaires dans cette cité l'activité qu'elle possède sur d'autres places, et, mieux que personne, puisque son projet exclut toute idée d'opération financière à larges et permanents revenus, la Chambre est en mesure de donner sous ce rapport toute satisfaction au commerce; l'usage régulier des warrants deviendrait aussi plus facile par cette création. Avant que nulle autre idée de ce genre n'eût été mise en avant, la Chambre avait compris à quel point il était essentiel d'arriver à quelque résultat pratique et satisfaisant; elle a cherché des locaux; elle a été longtemps sans rien trouver qui lui parût de nature à répondre à toutes les convenances. Nous avons enfin rencontré sur la façade des Chartrons des terrains qui offrent les avantages qu'il est juste de réclamer. La Chambre travaille à amener à bonne fin la conclusion de cette affaire, retardée par quelques irrégularités dans les titres de propriété. A la création des Magasins généraux dont les plans et devis sont dressés, et qui pourront recevoir des quantités considérables de marchandises, il sera nécessaire de joindre l'établissement d'une annexe de l'Entrepôt réel. Vous savez que celui de la place Lainé est depuis longtemps insuffisant; il a fallu organiser des annexes. M. le Ministre de la marine, agissant avec une gracieuse bienveillance que nous ne saurions trop apprécier, a bien voulu mettre à notre disposition de vastes locaux dans les Magasins des vivres; mais ce n'est là qu'un établissement provisoire, et d'ailleurs l'éloignement de ce magasin n'est pas sans inconvénient. Diverses combinaisons ayant pour but d'arriver aux créations que je signale pourront être étudiées; elles amèneront, nous en avons l'assurance, la mise en possession pour notre ville d'établissements dont le commerce retirera les avantages les plus réels.

» La Chambre continue de presser autant qu'il dépend d'elle l'établissement dans notre port d'un gril de carénage. Les services que rendra cet établissement se démontrent d'eux-mêmes, et nous n'avons pas besoin d'insister à cet égard. Une correspondance suivie à ce sujet vous donne l'espoir que l'affaire pourra bientôt entrer dans une période active. Je ne saurais mieux faire d'ailleurs que de rappeler sur quelques-uns des points principaux de ce projet les idées que vous avez émises : Gril de carénage

» En ce qui concerne le tarif et les recettes annuelles sur lesquelles il est raisonnable de compter, nous croyons que le tarif, au lieu d'être fixé par marée, pourrait l'être par jour (ou par vingt-quatre heures), avec faculté au navire d'utiliser les deux marées, soit qu'elles se trouvent de jour, soit qu'il y en ait une de jour et l'autre de nuit. Dans ce cas, il y aurait inconvénient à porter le tarif à 20 centimes par tonneau de jauge et par jour, et les capitaines se trouveraient intéressés à profiter d'une partie des marées de nuit, au grand avantage de l'exploitation.

» Afin d'empêcher l'encombrement du gril par les navires de petite dimension, nous sommes d'avis qu'il conviendrait également de fixer un minimum de 20 fr. par navire.

» La jauge moyenne de 300 tonneaux indiquée par M. l'Ingénieur en chef nous paraît parfaitement exacte; ce sera, en effet, à peu près celle des navires qui seront appelés à utiliser la cale projetée, mais il n'est pas présumable qu'elle puisse être occupée pendant deux cents jours de l'année; d'abord parce qu'il ne se présentera probablement pas deux cents navires qui en aient besoin, et ensuite parce que les petites marées n'en permettront l'accès qu'aux navires de faible calaison pendant au moins une douzaine de jours par mois.

» Il serait sage de ne compter que sur 100 à 150 navires au plus afin de ne pas se préparer des déceptions.

Remorquage. » La question du remorquage sur la basse Gironde, si intéressante au point de vue des intérêts de notre port, a deux fois été rappelée à notre attention. Une maison de notre ville, qui désirait établir un nouveau service, réclama notre appui pour une demande tendant à obtenir du Gouvernement l'autorisation de faire entrer en franchise de droits de douane deux bateaux devant être exclusivement affectés à cet emploi. Cette demande n'a pas été accueillie par l'Administration supérieure.

» Plus tard, les directeurs du service actuel vous ont fait connaître des modifications qu'ils apportaient dans les conditions de leur exploitation. Nous avons vu ces changements avec plaisir, car nous avons l'espoir que c'est un premier pas vers un état de choses qui donnera au commerce toutes les satisfactions compatibles avec les intérêts de la Compagnie qu'il est en droit de désirer.

Télégraphie. » Le service des communications électriques, afin de faire promptement parvenir au commerce les nouvelles de l'arrivée des paquebots et les renseignements qui peuvent offrir un grand intérêt, continue de s'effectuer d'une manière satisfaisante. Les Antilles, le Brésil, New-York, l'Inde, le Sénégal nous apportent ainsi régulièrement un contingent d'informations précieuses. Nous nous efforçons de perfectionner celles de ces communications qui nous touchent le plus immédiatement : les rapports avec le bas de la rivière. A cet égard, et malgré toutes nos démarches, nous ne sommes point parvenus encore à une organisation qui réponde à nos désirs; mais nous ne nous décourageons pas, et l'installation de postes sémaphoriques nous a paru offrir des ressources utiles. Nous avons sollicité auprès de l'Administration de la marine et auprès de celle des lignes télégraphiques pour que le sémaphore de la Coubre fût utilisé pour la transmission des nouvelles de mer. Grâce aux relations qui s'établiraient entre lui et le bureau télégraphique le plus proche, nous avons l'espoir que cette installation réussira pleinement et très-prochainement.

» Dès que l'achèvement des travaux entrepris à la Bourse le permettra, un bureau pour la réception des dépêches sera installé à l'Hôtel, et il fournira, nous en avons l'espoir, au commerce toutes les facilités désirables pour faire usage d'un précieux moyen de communications dont l'usage se développe de plus en plus.

» Le désir de perfectionner tout ce qui peut améliorer les procédés employés pour le déchargement des navires qui entrent dans notre port est de déterminer à conclure avec un habile ingénieur, M. Paul Courau, un traité relatif à l'emploi d'une machine à vapeur portative. Grues.

» M. Courau a été autorisé à appliquer, lorsque la demande lui en serait faite, une machine à vapeur pour le chargement et le déchargement des navires indifféremment aux diverses grues établies sur le quai vertical depuis l'escalier des Quinconces jusqu'à la cale du Chapeau-Rouge, et depuis la cale du Chapeau-Rouge jusqu'à l'extrémité sud du quai, la grue n° 12, dite grue intermédiaire, exceptée.

» Cette autorisation a été donnée à M. Paul Courau pour un délai de cinq ans à partir de la date du traité, délai qui pourra être renouvelé par la Chambre si elle le juge convenable.

» Les principaux articles de la convention faite avec M. Paul Courau, et qu'il est peut-être opportun de porter à la connaissance du commerce, sont ceux-ci :

» La machine à vapeur de M. Courau ne devra rester adaptée à la grue où elle aura fonctionné que pendant le temps du chargement ou du déchargement pour lequel il aura été traité, afin de ne porter aucun empêchement au service de ladite grue dans l'intérêt de ceux qui ne voudraient pas employer la vapeur.

» Les frais de chargement et de déchargement des navires sont fixés ainsi qu'il suit comme maximum :

» *Pour chargement.* — 50 c. par 1,000 kil. pour le chargement du quai ou du char dans la cale du navire, arrimage non compris.

» *Pour déchargement.* — 50 c. par 1,000 kil. pour les marchandises élevées de la cale du navire sur le quai ou sur le char;

» 45 c. par tonneau de mer pour le désarrimage dans la cale et l'élingage.

» Cette double contribution relative au déchargement sera répartie de la manière suivante :

» Les 50 c. par 1,000 kil. de mise à terre à la charge de la marchandise, les 45 c. par tonneau de mer de désarrimage au compte du navire.

» Dans tous les cas, la Chambre se réserve de décider dans les circonstances qui offriraient des doutes ou soulèveraient des résistances.

» M. Paul Courau devra réduire graduellement, si c'est possible, les frais de chargement et de déchargement, but vers lequel tendent les efforts de la Chambre. Ces rétributions sont indépendantes du droit de grue revenant à la Chambre.

» L'École des mousses continue de marcher d'une façon satisfaisante, et nous aimons à croire qu'elle justifie de plus en plus la bienveillance dont elle est l'objet de la part de Son Exc. le ministre de la marine, ainsi que du département de la Gironde et de la Ville. La commission d'Administration se réunit régulièrement une fois par mois, et c'est avec un vif plaisir que nous devons rendre justice au zèle de chacun de ses membres, ainsi qu'au dévouement de M. le Commandant.

École des mousses et novices.

» Les chiffres suivants donnent une idée du mouvement du personnel en **1862** :

Nouveaux élèves admis dans l'année	77
Élèves rentrés de la mer	120
Élèves embarqués au long-cours et au cabotage . . .	210
Recettes provenant des élèves . . . . F.	18,267 13
Montant des sommes appartenant aux élèves et déposées à la Caisse d'épargne	1,383 »

» Nous nous sommes occupés des mesures à prendre pour faire rentrer les sommes dont quelques élèves demeurent débiteurs lorsqu'ils quittent l'École, et nous avons été heureux de rencontrer à cet égard l'appui de l'Administration supérieure.

» Chaque année, nous offrons une récapitulation sommaire du mouvement du commerce de Bordeaux pendant l'exercice qui vient de finir. Nous nous en tenons, comme d'usage, aux articles les plus dignes d'attention ; le relevé ci-joint les fera passer sous vos yeux :

Mouvement du commerce.

IMPORTATIONS.	1862.	1861.	1860.	
Arachides	53,380	50,499	47,305	Qx métriques.
Bois de teinture	41,276	34,712	62,933	—
Cacao.	19,020	15,996	9,177	—

IMPORTATIONS (*Suite*).	1862.	1861.	1860.	
Café	92,610	111,597	96,324	Qx métriques.
Cochenille	1,050	624	266	—
Gomme	20,880	32,025	28,346	—
Houille	9,990	20,439	16,775	—
Indigo	5,790	7,037	6,002	—
Nitrates	16,107	24,194	10,164	—
Peaux	14,480	14,948	19,428	—
Poivre	20,770	10,606	10,533	—
Sucre des colonies	12,520	128,187	163,859	—
Sucre étranger	15,877	89,728	67,266	—

» Il serait beaucoup trop long d'entrer dans des détails circonstanciés à l'égard de chacun des articles que je viens de désigner, mais il n'est point sans doute hors de propos de placer ici quelques indications relativement aux deux articles qui jouent le plus grand rôle à l'entrée et aux deux marchandises qui figurent au premier rang parmi les exportations :

Importations des Sucres pendant l'année 1862.

Colonies :	ARRIVÉES.	
Guadeloupe	3,316,320	kilogr.
Martinique	3,245,392	—
Ile de la Réunion	5,904,544	—
Cayenne	54,668	—
Étranger :		
Angleterre	1,352	—
Ile Maurice	8,529,925	—
Brésil	497,995	—
Cuba	6,479,970	—
Autres pays	368,042	—

Cafés.

Angleterre	840,788	kilogr.
Indes anglaises	2,109,035	—

Hollande	577,235 kilogr.
Venezuela	1,105,629 —
Brésil	2,893,803 —
Haïti	260,741 —
Cuba	979,110 —
Autres pays	495,069 —

EXPORTATIONS.

Vins de la Gironde.

	EN FUTAILLES.	EN BOUTEILLES.
Angleterre	4,560,778 litres.	901,334
Belgique	5,409,611 —	37,379
Association allemande	2,581,250 —	18,529
Villes anséatiques	4,688,530 —	92,653
Royaume d'Italie	470 —	»
États-Unis	4,644,270 —	1,211,865
Brésil	990,211 —	151,119
Algérie	2,060 —	163
Autres pays	31,921,528 —	2,505,109
	54,798,708 litres.	4,918,151

Eaux-de-vie.

Angleterre	336,543 litres.
Belgique	68,433 —
Association allemande	34,100 —
États-Unis	1,066,091 —
Algérie	81 —
Autres pays	2,644,542 —

» Il m'a semblé également, Messieurs, qu'un tableau du mouvement de notre place pendant le premier trimestre de 1863 méritait d'être placé sous vos yeux. C'est une démonstration de l'activité de notre marché, et vous y trouverez une preuve de l'obligation où se trouve la Chambre de ne rien négliger pour répondre aux besoins qu'amène ce développement dans les affaires :

Importations.

Laines	30,786	kilogr.
Froment	5,344	quintaux.
Riz en grains	633,307	kilogr.
— en paille	22,306	—
Graines de sésame	474,063	—
Sucre colonial	6,067,306	—
— étranger	1,756,316	—
Mélasse	11,450	—
Cacao	312,230	—
Café	2,859,583	—
Cannelle	2,286	—
— de Chine	1,185	—
Poivre	112,211	—
Thé	15,778	—
Vanille	923	—
Tabacs	2,244,341	—
Gomme	481,782	—
— laque	18,800	—
Huile de coco	97,122	—
Salsepareille	95	—
Jutes	95,000	—
Coton	375,023	—
Houilles	413,690	quintaux.
Fontes	2,376,202	kilogr.
Fer en barre	866,220	—
Rails	2,104,965	—
Cuivre	184,640	—
Plomb	67,446	—
Tafia	478,556	litres.
Esprits	211,837	—

Exportations pendant le 1er trimestre.

Vins	17,040,253	litres.
Alcools	1,224,493	—

Vinaigres.	147,816 litres.
Vins liqueurs.	150,597 —
Sucre raffiné.	709,138 kilogr.
Chocolat	7,357 —
Agrès et apparaux de navires :	
Voiles	5,813 —
Ancres.	7,192 —
Cables en fer.	4,766 —
Ouvrages en acier	22,348 —
— en bronze	10,495 —
— en fonte	70,301 —
— en fer	142,412 —
— en ferblanc.	2,771 —
Horlogerie :	
Montres.	47,387 francs (valeur).
Pendules	4,350 —
Horloges	2,180 —
Bijouterie.	38,488 grammes.
Orfévrerie	54,527 —
Cordages	70,493 kilogr.
Vannerie.	17,287 —
Chapeaux de paille.	17,350 francs (valeur).
Ouvrages en peau	135,145 kilogr.
Chapeaux de feutre.	138,189 francs (valeur).
Peaux préparées	10,244 kilogr.
Livres	18,261 —
Guinées des Indes	61,359 pièces.
Étoffes	10,647 kilogr.
Draps.	28,712 —
Tissus de soie	11,105 —
Verres et cristaux	27,220 —
— miroirs	16,519 —
Poteries diverses.	628,201 —
Savons	150,348 —
Acide stéarique ouvré	101,194 —
Moutarde.	38,107 —
Garancine	162,986 —
Rocou	17,512 —
Sels :	
Tartre.	98,552 —
— impur	105,699 —

Cristaux de tartre	69,688	kilogr.
Crême de tartre	147,121	—
Sulfate	8,661	—
Zinc	7,350	—
Cuivre	47,531	—
Fer :		
Fonte	580	—
En barres	34,693	—
Platine	4,142	—
Ferblanc	13,309	—
Goudron	39,380	—
Houille	38,332	—
Grafite ou plombagine	29,940	—
Tuiles	536,507	tuiles.
Tourteaux de lin	216,500	kilogr.
— de betterave	480,953	—
Drilles	48,664	—
Légumes	261,545	—
Sumac et fustet	114,150	—
Bois feuillard	350,234	pièces.
Bois de construction	194,804	mètres.
Sucs de réglisse	57,239	kilogr.
Résines indigènes	4,520,736	—
— d'exsudation	642,622	—
— autres	950,701	—
— distillées	4,520,736	—
Tabacs en feuilles	130,128	—
Fruits oléagineux	660,787	—
— à distiller	7,020	—
Graines à ensemencer	358,263	—
Fruits divers, secs ou confits	347,531	—
Pain et biscuit de mer	206,681	—

Hôtel de la Préfecture. — Personnel.

» Des changements viennent de s'accomplir dans le personnel de l'Administration. M. de Mentque, qui depuis longues années était placé à la tête de notre département, a cessé d'exercer ces hautes fonctions. Nous remplissons un devoir en rappelant le zèle et la persévérance qu'il avait apportés à prendre part à nos travaux, à seconder nos efforts de manière à s'assurer toute la reconnaissance du commerce bordelais. Nous sommes bien certains de retrouver le même concours, les mêmes dispositions chez M. le Sénateur que l'Empereur a investi de l'Administration du département. Quoiqu'il soit depuis peu de temps dans nos murs et quoiqu'il ait dès son arrivée rencontré des occupations multipliées absorbant tous ses instants, M. Pietri, que ses antécédents, ses lumières et sa haute réputation recommandent à notre confiance et à notre respect, a déjà pu manifester à quel point il est disposé à seconder les intérêts du commerce, de l'industrie et de l'agriculture. On peut donc compter sur lui avec assurance.

Chambre de commerce de Bordeaux. — Elections.

» L'époque du renouvellement de la Chambre étant arrivée, on a dû procéder à des élections nouvelles. Les électeurs ont renouvelé le mandat de plusieurs d'entre nous; c'est un honneur que ceux qui ont été l'objet de cette manifestation flatteuse sauront reconnaître en redoublant de zèle et d'efforts persévérants afin de répondre à la confiance de leurs mandataires. Un des anciens membres de la Chambre qui faisait partie de notre bureau et qui avait rendu tant de services en remplissant avec un dévouement infatigable et une intelligence consommée les fonctions importantes de trésorier, M. Sempé, a voulu se retirer. Nous avons regretté cette résolution, mais nous avons du moins eu le dédommagement de voir entrer parmi nous le représentant d'une des plus respectables maisons de notre place, dont le chef regretté marqua son passage à la Chambre. Son fils, M. Edmond Lestapis, a fait déjà ses preuves en siégeant au Tribunal de commerce, et il nous prêtera un appui toujours utile et certainement très-éclairé.

Conclusion. » Vous le voyez, Messieurs, par l'exposé que j'ai fait passer sous vos yeux, des affaires importantes ont, pendant le dernier exercice, appelé l'attention de la Chambre, et l'année qui va s'ouvrir réclamera tous vos soins. Des questions fort sérieuses, des entreprises considérables demandent tous nos efforts ; les unes au point de vue de l'intérêt général du commerce français, les autres en considération des besoins de notre place. La question des sucres, celle de la marine marchande, la création de Magasins généraux, l'organisation d'une annexe de l'Entrepôt, les travaux de la Bourse, que d'aliments pour notre sollicitude ! Pleins de confiance dans l'avenir de notre belle cité, dans les intentions bienveillantes et dans la justice du Gouvernement, nous n'épargnerons rien pour accomplir dignement le mandat dont nous avons l'honneur d'être investis. »

Cette lecture achevée, la Chambre délibère, à l'unanimité, qu'extrait du présent procès-verbal, qui contiendra en entier la transcription du Compte-rendu, sera imprimé au nombre de trois cents exemplaires. Des remercîments sont, en outre, votés, à l'unanimité, à M. Basse.

Conformément à la circulaire ministérielle du 31 octobre 1852, il sera donné avis de la composition du bureau de la Chambre à M. le Ministre de l'agriculture, du commerce et des travaux publics, et à M. le Sénateur chargé de l'Administration du département de la Gironde.

COMPOSITION DE LA CHAMBRE DE COMMERCE.

MM. Henri BASSE, O. ✱, *Président;*
Emmanuel CORTÈS, ✱, *Vice-Président;*
Joseph BLANCHY, *Secrétaire;*
Pierre-Jean CHAUMEL, *Trésorier.*

MM. Eugène BEYSSAC;
Nathaniel JOHNSTON, ✱;
Gustave BAOUR;
Henri BRUNET;
Adrien FAURE;
Adolphe CHALÈS;

MM. Hippolyte TANDONNET;
Lucien ARMAN, O. ✱;
Edmond LESTAPIS;
Hubert PROM;
Jacob-Alfred LÉON, ✱.

Membres correspondants.

Pour l'arrondissement de Blaye, M. DUCLOU;
Pour l'arrondissement de Libourne, M. CHAPERON-GRANGÈRE.

Pour copie conforme :

Le Secrétaire, membre de la Chambre de commerce,

J. BLANCHY.

Bordeaux. — Typ. et Gravure de Bardet & Thiesson, impr. de la Chambre de commerce, rue Sainte-Catherine (Bazar-Bordelais).

www.ingramcontent.com/pod-product-compliance
Ingram Content Group UK Ltd.
Pitfield, Milton Keynes, MK11 3LW, UK
UKHW021134230726
13926UKWH00002B/800